Daniel Wiechmann

# SINGLE-KITCHEN

## Kochen für eine Person – und nichts bleibt übrig



riva

**Bibliografische Information der Deutschen Nationalbibliothek**
Die Deutsche Nationalbibliothek verzeichnet diese Publikation in der Deutschen Nationalbibliografie.
Detaillierte bibliografische Daten sind im Internet über http://d-nb.de abrufbar.

**Für Fragen und Anregungen:**
info@rivaverlag.de

Originalausgabe
1. Auflage 2017


Nymphenburger Straße 86
D-80636 München
Tel.: 089 651285-0
Fax: 089 652096



Redaktion: Eva Siegmund
Umschlaggestaltung: Manuela Amode
Umschlagabbildung: Lisovskaya Natalia/shutterstock.com
Satz: Satzwerk Huber, Germering
Druck: Florjancic Tisk d.o.o., Slowenien
Printed in the EU

ISBN Print 978-3-7423-0242-7
ISBN E-Book (PDF) 978-3-95971-693-2
ISBN E-Book (EPUB, Mobi) 978-3-95971-692-5

# Inhalt

# Abwechslungsreich kochen auch für eine Person

»Wie, du kochst für dich allein?« Hätte ich für das ungläubige Staunen von Freunden und Kollegen über diese Tatsache jedes Mal einen Euro bekommen, befände sich in meinem Sparschwein mittlerweile sicher genug Geld für einen Besuch in einem Sternelokal. Ja, ich koche für mich allein. Sogar richtig gern. Lieber stelle ich mich für eine Viertelstunde an den Herd und schnippel ein wenig Gemüse zusammen, statt einen kalten Supermarkt-Wrap oder einen Döner mit zweifelhafter Fleischherkunft zu essen. (Ein wirklich guter Döner ist übrigens im Handumdrehen selbst zubereitet, siehe Rezept S. 91.) Hinzu kommt, dass ich das Kochen als echte Pause empfinde – und was wohl am wichtigsten ist: Es schmeckt einfach besser.

Klar, manchmal fehlt einem der Nerv oder die Inspiration zum Kochen. Aber dann tut es eben auch mal eine Brotzeit mit Wurst und Käse. Dazu ein paar Gewürzgurken oder eingelegte getrocknete Tomaten (beides sollte man immer im Kühlschrank haben – ewig haltbar und vielseitig kombinierbar), fertig ist die kleine leckere Mahlzeit. Der häufigste Einwand, mit dem sich der Alleinkocher konfrontiert sieht, ist der Aufwand. »Aber das lohnt sich doch gar nicht, nur für eine Person!« Mich irritiert dieser Gedanke. Es ist doch kein Aufwand, sich selbst etwas Gutes zu tun! Noch immer denken viele, dass es sich beim Kochen

immer um einen komplizierten und langwierigen Prozess handeln muss, sonst wird's sowieso nicht gut. Das stimmt nicht. Die meisten Rezepte in diesem Buch sind in einer Viertelstunde fertig. Sie leben von der Frische der Zutaten und den richtigen Gewürzen (ganz wichtig!) und manchmal leben sie sogar nur von einer Idee, so wie bei der Tortilla-Pizza (siehe Rezept S. 78). Bei der werden bereits fertige Maisfladen mit Zutaten nach Belieben belegt.

Eine andere Ausrede, die ich von Freunden immer wieder zu hören kriege, lautet: »Wenn ich für mich allein koche, bleiben immer so viele Zutaten über. Und die werden dann schlecht. Oder ich koche so viel, dass ich drei Tage lang das Gleiche esse. Darauf habe ich keine Lust.« Das kann ich verstehen. Die Singleküche erfordert tatsächlich ein wenig mehr Organisation und Planung. Wenn man den Spargel nur im Pfund bekommt oder einen großen Brokkoli kauft, will man den nicht auf einmal essen. Wer von einer Dose Kichererbsen nur die Hälfte fürs Single-Rezept braucht, will und sollte sie in den nächsten Tagen schnell verbrauchen. Wann immer in einem der Rezepte in diesem Buch eine größere Zutatenmenge übrig bleibt, findet sich dort auch der Hinweis auf ein anderes Rezept, in dem man die Restzutat verkochen kann.

Ansonsten greift man beim Einkaufen statt zu normalen Haushaltszwiebeln zu kleineren Schalotten oder Frühlingszwiebeln. Braucht man nur eine halbe Paprika, nimmt man die kleinere Spitzpaprika. Statt großer Schlangengurken wählt man kleine Gärtnergurken. Benötigt man den Saft einer halben Zitrone oder Limette, wird aus dem Rest mit etwas Zucker oder Honig eine

Limonade gemischt. Bei Salaten tun es statt eines ganzen Kopfs zwei Handvoll Feldsalat oder ein gemischter Wildkräutersalat.

Ein Dauerproblem in der Singleküche sind frische Kräuter. Die gibt es nur im Bund zu kaufen, und das verbraucht man kaum so schnell. Ideal wäre ein Kräuterbeet am Küchenfenster, das man nach und nach abernten kann. Wer das nicht hat, dem empfehle ich Schnittlauch, Petersilie, Koriander und Co. einfach frisch einzufrieren. Das klappt mit den meisten Kräutern wunderbar. Dazu hackt man die Kräuter und füllt sie in einen Eiswürfelbehälter. So sind sie bereits vorportioniert. Bis zu einem Jahr halten sich Kräuter in der Tiefkühltruhe. Sie müssen dann lediglich eine oder zwei Minuten mitgekocht werden.

Meine besten Freunde beim Singlekochen sind Wok und Pfanne, in denen ich die Toppings für leckere Salate oder die Zutaten für Gemüsegerichte brate. Dips und Brotaufstriche sind ebenfalls schnell zusammengerührt. Pasta ist DAS Alltagsgericht schlechthin. Schnell fertig und immer lecker. Und manchmal muss es natürlich auch ein guter Fisch oder ein Stück Fleisch sein.

## Die Rezeptkategorien in diesem Buch

- Frühstück
- Frisches Gemüse
- Aus Topf und Pfanne
- Lieblingspasta
- Fleisch und Fisch
- Salate
- Snacks, Dips und Brotaufstriche
- Pizza, Wraps und Taler
- Brote und Galettes

Sie finden bei jedem Rezept Nährwertangaben. Kcal steht für Kilokalorien, KH für Kohlenhydrate, E für Eiweiß und F für Fett. Die Rezepte in diesem Buch sind natürlich für eine Portion berechnet. Lediglich die Bananen-Nuss-Schoko-Granola (siehe Rezept S. 18) ist für mehr Portionen berechnet, da sie sich gut lagern lässt und man sie so öfter genießen kann.

Und nun? Guten Appetit!

# Frühstück

# Magical Breakfast

*Zubereitung: 5 Min.*
*Nährwerte (pro Portion): 494 kcal, KH: 27 g, E: 12 g, F: 36 g*

**Zutaten:**

*1 Zitrone*
*1 EL Leinöl*
*1 TL Akazienhonig*
*125 g Naturjoghurt*
*2 TL Walnüsse*
*2 EL Haferflocken*

**So wird's gemacht:**

1. Zitrone auspressen. Den Saft zusammen mit dem Leinöl und dem Akazienhonig in den Joghurt mischen.
2. Die Walnüsse hacken und zusammen mit den Haferflocken ebenfalls in den Joghurt mischen. Fertig.

*Dieses Frühstück stammt von der französischen Autorin Mireille Guiliano (»Warum französische Frauen jünger aussehen«), die das Rezept von ihrer Großmutter übernommen hat. Es schmeckt frisch und belebend und macht richtig lange satt.*

*Wem die Zitrone nicht behagt, ersetzt sie durch eine reife Kiwi. Diese wird geschält, anschließend mit einer Gabel zerquetscht und dann in den Joghurt gemischt.*

Foto siehe Seite 9

# Açai-Bowl

*Zubereitung: 10 Min.*
*Nährwerte (pro Portion): 496 kcal, KH: 46 g, E: 4 g, F: 33 g*

**Zutaten:**

*1 EL Açaibeerenpulver*
*½ gefrorene Banane*
*½ Avocado*
*1 EL Kokosöl*
*100 g Tiefkühl-Beeren*
*1 Dattel (entsteint)*
*100 ml Kokoswasser*

**So wird's gemacht:**

1. Alle Zutaten in einen Mixer geben und fein pürieren.
2. Anschließend mit frischen Beeren, Früchten, Kakaonibs, Kokosraspeln, Haferflocken oder Leinsamen garnieren und genießen.

# Overnight Oats mit Himbeeren und Banane

*Zubereitung: 10 Min. + über Nacht*
*Nährwerte (pro Portion): 510 kcal, KH: 57 g, E: 16 g, F: 23 g*

**Zutaten:**
*5 EL kernige Haferflocken*
*100 ml Milch*
*1 Banane*
*100 g Joghurt*
*50 g Himbeeren*
*1 EL Kokosraspel*

**So wird's gemacht:**

1. Haferflocken in ein Glas füllen. Mit Milch übergießen.
2. Banane schälen und in Scheiben schneiden. Auf die Haferflocken geben. Die Bananenscheiben mit Joghurt bedecken.
3. Himbeeren daraufgeben. Nach Belieben Kokosraspel über die Himbeeren streuen. Das geschlossene Glas über Nacht in den Kühlschrank stellen.

*Es gibt Hunderte Rezepte für Overnight Oats. Die Zubereitung folgt dabei immer demselben Prinzip. Ich zeige Ihnen gleich noch zwei weitere Lieblingsvarianten.*

# Overnight Oats mit Orange und Schokolade

*Zubereitung: 10 Min. + über Nacht*
*Nährwerte (pro Portion): 314 kcal, KH: 43 g, E: 11Y g, F: 10 g*

**Zutaten:**
*4 EL kernige Haferflocken*
*1 Orange*
*80 g Naturjoghurt*
*10–15 g dunkle Schokolade (geraspelt)*

**So wird's gemacht:**

1. Haferflocken in ein Glas geben. Orange halbieren. Die eine Hälfte auspressen und den Saft über die Haferflocken gießen. Das Glas kurz schwenken, damit sich der Saft gleichmäßig verteilt. Die andere Orangenhälfte in Frischhaltefolie wickeln und in den Kühlschrank legen.
2. Joghurt über die Haferflocken schichten. Schokoraspel darübergeben. Das Glas abdecken und über Nacht in den Kühlschrank stellen.
3. Am nächsten Morgen die verbliebene Orangehälfte schälen und stückeln. In das Weckglas geben und genießen.

*Die restliche Orange kann man auch schon am Vortag mit in das Glas geben, sie verliert dann aber etwas an Frische.*

# Overnight Oats mit Erdbeerquark, Heidelbeermilch und Nüssen

*Zubereitung: 10 Min. + über Nacht*
*Nährwerte (pro Portion): 569 kcal, KH: 41 g, E: 34 g, F: 28 g*

## Zutaten:

*100 g Erdbeeren*
*150 g Magerquark*
*4 EL kernige Haferflocken*
*50 g Heidelbeeren*
*50 ml Milch*
*5 Mandeln*
*5 Haselnüsse*

## So wird's gemacht:

1. Erdbeeren putzen und waschen. Zusammen mit dem Quark in eine Schüssel geben. Mit dem Pürierstab pürieren. Haferflocken in den Erdbeerquark mischen. Alles in ein Glas geben und über Nacht kühl stellen.
2. Am nächsten Morgen Heidelbeeren und Milch pürieren. Ins Glas zum Haferflocken-Erdbeerquark geben.
3. Die Nüsse und Mandeln grob hacken und ebenfalls ins Glas geben. Genießen.

# Eggs Benedict

*Zubereitung: 40 Min.*
*Nährwerte (pro Portion): 828 kcal, KH: 28 g, E: 35 g, F: 61 g*

**Zutaten:**
*40 g Butter*
*3 Eier*
*Salz*
*Cayennepfeffer*
*1 Spritzer Zitronensaft*
*2 EL Essig*
*2 Scheiben Speck*
*1 Toastie*

**So wird's gemacht:**

1. Für die Sauce hollandaise Butter in einem Topf schmelzen.
2. 1 Eigelb und 1 TL warmes Wasser in ein hohes Gefäß geben. Das Eiweiß in eine Schüssel geben. Mit dem Pürierstab Eigelb und Wasser cremig mixen. Einen Teelöffel der geschmolzenen Butter tröpfchenweise untermixen. Die restliche Butter in einem dünnen Strahl untermixen. Mit Salz, Cayennepfeffer und etwas Zitronensaft abschmecken.
3. Die zwei Eier vorsichtig in die Schüssel mit dem Eiweiß schlagen. Das Eigelb darf nicht kaputtgehen.
4. Reichlich Essigwasser in einen Topf geben und zum Kochen bringen. Die Hitze reduzieren. Sobald das Wasser nicht mehr kocht, mit einem Schneebesen kräftig umrühren, sodass in der Mitte des Topfes ein Strudel entsteht. Die Eier aus der Schüssel zügig in die Mitte des Strudels geben. Einen Deckel auf den Topf legen und die Eier 3–4 Min. garen lassen.
5. Unterdessen in einer Pfanne ohne Fett den Speck braten. Den Toastie aufschneiden und auf der Schnittfläche in der Pfanne rösten.
6. Toasties auf einem Teller anrichten. Mit Speck und den pochierten Eiern belegen. Sauce hollandaise darübergeben. Nach Belieben mit frischen Kräutern garnieren und genießen.

*Das Einrühren des Eis in den Wasserstrudel geht beim ersten Mal garantiert schief, da man höchstwahrscheinlich das Wasser nicht kräftig genug rührt. Das Ei sieht dann womöglich etwas zerrupft aus, schmeckt aber dennoch und zerfließt fantastisch. Beim vierten oder fünften Versuch hat man den Bogen dann raus.*

# Bananen-Nuss-Schoko-Granola

*Ergibt: 4-6 Portionen * Zubereitung: 50 Min. + 2 h Kühlung*
*Nährwerte (pro Portion): 689 kcal, KH: 69 g, E: 16 g, F: 36 g*

**Zutaten:**
*75 g Mandeln*
*50 g Pekan- oder Walnüsse*
*250 g zarte Haferflocken*
*50 g Kokosraspel*
*25 g Rosinen*
*¼ TL Salz*
*1 sehr reife Banane*
*75 ml Ahornsirup*
*1 EL Rohrohrzucker*
*75 g Zartbitterschokolade*

**So wird's gemacht:**

1. Den Ofen vorheizen (Umluft 140 °C). Ein Backblech mit Backpapier auslegen.
2. Mandeln und Nüsse grob hacken. Mit Haferflocken, Kokosraspeln, Rosinen und Salz in einer Schüssel vermischen.
3. Banane schälen, grob würfeln und in einem Mixer geben. Sirup und Zucker hinzugeben und alles pürieren.
4. Bananensirup in die Schüssel mit den Haferflocken und Nüssen geben. Alles gut vermischen, bis die Flocken und Nüsse vollständig vom Bananensirup überzogen sind.
5. Die Mischung gleichmäßig auf dem Blech verteilen und in der Ofenmitte für 25–30 Min. backen. Alle 10 Min. mit einem Holzschaber oder Pfannenwender durchmischen, damit die Hafer-Nussklümpchen gleichmäßig braun werden.
6. Schokolade in erbsengroße Stücke hacken. Die goldbraune Granola aus dem Ofen nehmen. Die Schokolade in die noch warme Granola geben, sodass die Schokolade anschmilzt. Anschließend die Granola zum Abkühlen auf die Arbeitsfläche stellen.
7. Die abgekühlte Granola mit dem Backpapier in eine große Schüssel geben und im Kühlschrank 2 Stunden vollständig auskühlen lassen. Anschließend kann man die Granola mit frischer Milch oder in Joghurt gerührt genießen. Wer mag, gibt auch noch frisches Obst dazu.

*Die amerikanische Müsli-Variante schmeckt durch das Backen im Ofen herzhafter als das Original. In einem luftdichten Behälter hält sich die Granola mehrere Wochen.*

# Bananen-Nuss-Drink

*Zubereitung: 5 Min.*
*Nährwerte (pro Portion): 471 kcal, KH: 49 g, E: 15 g, F: 22 g*

**Zutaten:**
*1 Banane*
*1 Ei*
*150 g Naturjoghurt*
*50 ml Milch*
*2 EL Nüsse (z. B. Erdnüsse, Mandeln, Cashews)*
*50 g Beeren-Mischung (frisch oder TK)*
*2–3 EL kernige Haferflocken*

**So wird's gemacht:**
Alle Zutaten in einen Mixer geben und fein pürieren. In ein Glas gießen und genießen.

*Das einfachste und beste Frühstück überhaupt. Kostet kaum Zeit, macht unheimlich lange satt, ohne schwer im Magen zu liegen, und man kann beim Frühstück prima Zeitung lesen.*

# Frisches Gemüse

# Zucchini-Mascarpone-Röllchen

*Zubereitung: 30 Min.*
*Nährwerte (pro Portion): 676 kcal, KH: 13 g, E: 10 g, F: 63 g*

**Zutaten:**
*1 Zucchini*
*1 Knoblauchzehe*
*1 TL Olivenöl*
*80 g Mascarpone*
*5 schwarze Oliven*
*2 Scheiben getrocknete Tomaten (in Öl)*
*Salz*
*Pfeffer*
*1 TL Pinienkerne*
*Balsamico*

**So wird's gemacht:**

1. Zucchini längs in feine, lange Scheiben schneiden. Am besten geht das mit einem Gemüsehobel. Knoblauch schälen und auspressen.
2. Öl bei mittlerer Hitze in einer Pfanne erwärmen. Die Zucchinischeiben zusammen mit dem Knoblauch in die Pfanne geben. Die Scheiben von beiden Seiten je 1–2 Min. anbraten. Anschließend abtropfen und beiseitestellen.
3. Das Öl aus der Pfanne in eine Schüssel geben. Den Mascarpone hinzugeben. Oliven und getrocknete Tomaten fein hacken und ebenfalls in die Schüssel geben. Alles gut vermischen und mit Salz und Pfeffer abschmecken.
4. Auf die Zucchinischeiben je einen EL der Mascarpone-Mischung setzen und aufrollen. Mit Pinienkernen und Balsamico garnieren und genießen.

*Zu den Röllchen passt Salat als Beilage. Wer die Zeit hat, kann die Mascarpone-Mischung auch vorbereiten und etwa eine Stunde im Kühlschrank ziehen lassen. Sie schmeckt dann noch intensiver.*

Foto siehe Seite 21

# Brokkoli-Käse-Happen

*Zubereitung: 30 Min.*
*Nährwerte (pro Portion): 400 kcal, KH: 7 g, E: 31 g, F: 26 g*

**Zutaten:**
*200 g Brokkoli*
*Salz*
*1 Ei*
*50 g Käse (gerieben)*
*20 g Leinsamen*
*Pfeffer*

**So wird's gemacht:**

1. Den Ofen vorheizen (Umluft 180 °C).
2. Brokkoli putzen und in kochendem Salzwasser bissfest garen (ca. 8 Min.).
3. Brokkoli klein hacken und in eine Schüssel geben. Ei, Käse und Leinsamen dazugeben. Alles gut vermischen. Mit Salz und Pfeffer abschmecken.
4. Auf einem mit Backpapier ausgelegten Backblech runde Küchlein aus der Mischung formen. Das geht am besten mit einem Servierring. Das Blech in den Ofen schieben und die Brokkoli-Happen ca. 15 Min. backen.

*Wer seine Happen lieber mild mag, greift beim Käse zu einem Leerdammer. Wer sie lieber herzhaft möchte, liegt mit Parmesan, Gruyère oder einem Bergkäse richtig. Die Happen lassen sich auch sehr gut in einer Muffinform zubereiten.*

# Gebackener Rosenkohl mit Thymian-Honig-Marinade

*Zubereitung: 30 Min.*
*Nährwerte (pro Portion): 325 kcal, KH: 28 g, E: 15 g, F: 16 g*

## Zutaten:

*300 g Rosenkohl*
*1 kleine Bio-Orange*
*2 TL Olivenöl*
*1 TL Weißweinessig*
*Salz*
*1 Zweig Thymian*
*1 TL Honig*

## So wird's gemacht:

1. Den Ofen vorheizen (Ober- und Unterhitze 220 °C).
2. Rosenkohl vorsichtig putzen, waschen und trocknen. Große Röschen halbieren und mit der Schnittfläche nach unten in eine Auflaufform oder direkt auf ein Backblech geben.
3. Orange mit sehr heißem Wasser waschen. Ca. ein Viertel der Schale fein abreiben. Den Abrieb mit Öl, Essig, Salz und den abgezupften Thymianblättern vermischen. Die Marinade gleichmäßig auf den Kohl pinseln. Die Auflaufform in den Ofen geben und den Kohl 15 Min. garen.
4. Orangensaft auspressen und mit Honig verrühren. Die Orangen-Honig-Soße über den Rosenkohl geben und weitere 5 Min. garen. Fertig.

# Spargel mit Feta und Räucherlachs

*Zubereitung: 15 Min.*
*Nährwerte (pro Portion): 724 kcal, KH: 33 g, E: 48 g, F: 40 g*

**Zutaten:**
*150 g grüner Spargel*
*50 g Saubohnen (Dose)*
*1 EL Butter*
*50 g Erbsen (TK)*
*Salz*
*2 EL Weißwein*
*1–2 EL Olivenöl*
*1 EL frische Kresse*
*50 g Feta*
*100 g Räucherlachs*

**So wird's gemacht:**
1. Spargel putzen, waschen und in mundgerechte Stücke schneiden. Bohnen abtropfen lassen.
2. Spargel mit etwas Butter in einer Pfanne bei mittlerer Hitze 4 Min. anbraten. Erbsen und Bohnen hinzugeben und alles zusammen weitere 2–3 Min. garen. Salzen.
3. Aus Weißwein, Olivenöl, Kresse und Salz eine Vinaigrette anrühren.
4. Das Gemüse auf einem Teller anrichten. Den Feta zerkrümeln und den Lachs in Stücke rupfen. Beides über das Gemüse geben. Die Vinaigrette über Gemüse, Käse und Lachs geben und genießen.

*Verbliebene Saubohnen lassen sich z. B. im Spanischen Bohneneintopf (S. 35) oder zu den Burrata-Broten (S. 87) verarbeiten.*

# Grüner Spargel mit weißen Bohnen und Thunfisch

*Zubereitung: 15 Min.*
*Nährwerte (pro Portion): 466 kcal, KH: 29 g, E: 15 g, F: 31 g*

**Zutaten:**
*2 Knoblauchzehen*
*1 kleine rote Chilischote*
*100 g grüner Spargel*
*120 g Cannellini-Bohnen (Dose)*
*2 Datteltomaten*
*2 EL Olivenöl*
*80 g Thunfischfilets (Dose)*
*Salz*

**So wird's gemacht:**

1. Knoblauch schälen und fein hacken. Chili putzen, waschen und in kleine Stücke schneiden. Den grünen Spargel waschen und in mundgerechte Stücke schneiden. Die Bohnen waschen und abtropfen lassen. Tomaten waschen und halbieren.
2. 1 EL Öl in einer Pfanne erhitzen. Knoblauch und Chili ca. 1 Min. anbraten. Die Hitze reduzieren. Thunfisch und Spargel mit in die Pfanne geben und 3–4 Min. garen. Gelegentlich umrühren.
3. Die Pfanne vom Herd nehmen. Die abgetropften Bohnen und die Tomaten untermischen. 1 EL Olivenöl untermischen und mit Salz abschmecken.

*Den grünen Spargel kann man in diesem Rezept auch durch eine gewürfelte Zucchini ersetzen. Statt der Cannellini-Bohnen schmecken auch marmorierte Borlotti-Bohnen im Salat. Die restlichen Bohnen können z. B. in der Lauchpfanne mit Bohnen und Chorizo (siehe S. 36) verarbeitet werden.*

# Pikante Bohnen

*Zubereitung: 30 Min.*
*Nährwerte (pro Portion): 642 kcal, KH: 39 g, E: 24 g, F: 42 g*

**Zutaten:**
*2 Knoblauchzehen*
*1 kleinere rote Zwiebel*
*2 Anchovis*
*25 g Walnüsse*
*1 Bio-Zitrone*
*250 g grüne Bohnen*
*Salz*
*2 TL Butter*
*1 TL Olivenöl*
*1–2 EL Semmelbrösel*
*25 g milder Schafskäse*

**So wird's gemacht:**

1. Knoblauch und Zwiebel schälen und fein hacken. Anchovis fein hacken. Walnüsse in grobe Stücke hacken. Zitrone mit sehr heißem Wasser waschen und trocken reiben.
2. Die Bohnen putzen und waschen. In einem Topf mit Salzwasser 15 Min. kochen.
3. Währenddessen Butter und Olivenöl in einer Pfanne aufschäumen. Hitze reduzieren. Knoblauch, Zwiebelwürfel und Anchovis darin anbraten, bis sie Farbe annehmen (5–6 Min.).
4. Walnüsse in die Pfanne geben. Die fertig gekochten Bohnen abtropfen lassen und ebenfalls in die Pfanne geben. Kurz durchrühren.
5. Etwas Zitronenschale über die Bohnen reiben. Semmelbrösel in die Pfanne geben. Salzen. Alles noch einmal gut verrühren und auf einem Teller anrichten. Schafskäse über die Bohnen krümeln und genießen.

*Die Bohnen eignen sich auch hervorragend als Beilage zu hellem Fleisch. Statt der Walnüsse kann man auch Mandeln verwenden.*

# Überbackener Spinat

*Zubereitung: 30 Min.*
*Nährwerte (pro Portion): 457 kcal, KH: 8 g, E: 18 g, F: 38 g*

**Zutaten:**
*300 g Blattspinat*
*1 Schalotte*
*1 Knoblauchzehe*
*1 TL Olivenöl*
*50 ml Sahne*
*1 Msp. Majoran*
*1 Msp. Thymian*
*1 Msp. Muskat*
*Salz*
*40 g Parmesan (gerieben)*
*Cayennepfeffer*

**So wird's gemacht:**

1. Spinat waschen und abtropfen. Die groben Stiele entfernen. Schalotte und Knoblauch schälen und fein hacken.
2. Öl bei mittlerer Hitze in der Pfanne erwärmen. Die Schalotten ca. 2–3 Min. glasig schwitzen. Knoblauch und Spinat hinzugeben. Sahne und Gewürze hinzugeben und alles ca. 10–15 Min. köcheln lassen, bis die Soße schön sämig ist.
3. Unterdessen den Ofen vorheizen (Grillstufe). Spinat in eine Auflaufform geben. Den Käse darüberstreuen und ca. 5 Min. im Ofen backen, bis der Käse braun zu werden beginnt. Mit Cayennepfeffer würzen und genießen.

# Aus Topf und Pfanne

# Gemüsepfanne mit Butter-Kräutersoße

*Zubereitung: 15 Min.*
*Nährwerte (pro Portion): 229 kcal, KH: 30 g, E: 6 g, F: 9 g*

**Zutaten:**
*1 Frühlingszwiebel*
*1 Karotte*
*100 g grüne Bohnen*
*1 rote Paprika*
*1 Kartoffel*
*1 EL Butter*
*Salz*
*100 ml Wasser*
*Pfeffer*
*Frische Kräuter*

**So wird's gemacht:**

1. Das Gemüse putzen, waschen und in grobe Stücke schneiden. Lediglich die Kartoffel sollte man in besonders schmale Stücke schneiden.
2. Butter in einer Pfanne erhitzen. Das Gemüse hinzugeben und 1 Min. anbraten. Gelegentlich umrühren. Alles gut salzen.
3. Das Wasser angießen und 5 Min. bei voller Hitze kochen lassen. Nochmals mit Salz und Pfeffer abschmecken.
4. Das Gemüse mit dem Buttersaft in einen Teller geben. Nach Belieben mit frischen Kräutern wie Schnittlauch, Petersilie oder Kerbel garnieren.

*Ein absolutes Notfallrezept, das sich wunderbar eignet, um Reste zu verwerten. Das Gericht gelingt auch mit Spargel, Fenchel, Lauch, Brokkoli, Blumenkohl, Wirsing, Kohlrabi oder Zuckerschoten.*

Foto siehe Seite 31

# Kartoffel-Tortilla

*Zubereitung: 45 Min.*
*Nährwerte (pro Portion): 649 kcal, KH: 47 g, E: 19 g, F: 41 g*

**Zutaten:**

*200 g Kartoffeln (mehlig kochend)*
*1 kleine Zwiebel*
*2 EL Olivenöl*
*Salz*
*2 Eier*
*1 EL Milch*

**So wird's gemacht:**

1. Kartoffeln schälen, waschen und in feine gleichmäßige Stücke schneiden. Die Zwiebel schälen und grob hacken.
2. Kartoffeln und Zwiebeln mit dem Olivenöl ca. 20 Min. bei milder Hitze in einer kleinen ofenfesten Pfanne garen. Gelegentlich umrühren. Gut salzen.
3. Den Ofen vorheizen (Umluft 160 °C).
4. Eier mit Milch und etwas Salz in eine Schüssel geben und verquirlen. Über die Kartoffel-Zwiebel-Mischung geben. Die Pfanne schwenken, bis das Ei überall gleichmäßig verteilt ist.
5. Die Pfanne in den Ofen stellen und die Tortilla 15 Min. fertig backen lassen.
6. Die fertige Tortilla auf einen Teller stürzen und wie eine Pizza in Stücke schneiden.

*Die klassische spanische Tortilla schmeckt auch kalt sehr lecker. Sie lässt sich leicht mit Wurst oder Speck, aber auch mit Kräutern variieren. Und macht einfach immer satt!*

# Orientalische One Pot Pasta

*Zubereitung: 25 Min.*
*Nährwerte (pro Portion): 487 kcal, KH: 41 g, E: 7 g, F: 31 g*

**Zutaten:**
*1 Knoblauchzehe*
*1 Schalotte*
*1 rote Paprika*
*2 TL Olivenöl*
*Salz*
*100 g kurze Nudeln (z. B. Conchiglie)*
*200 ml Wasser*
*Honig*
*1 Msp. Kreuzkümmel (gemahlen)*
*1 Msp. Koriandersamen (gemahlen)*
*1 kleine Gärtnergurke*
*1 EL Limettensaft*
*1 Msp. Kreuzkümmel (gemahlen)*
*1 Msp. Koriandersamen (gemahlen)*
*Salz*
*Pfeffer*

**So wird's gemacht:**

1. Knoblauch und Schalotten schälen und fein hacken. Paprika putzen, waschen und fein würfeln.
2. 1 TL Olivenöl bei mittlerer Hitze in einem mittelgroßen Topf erwärmen. Die Hälfte des Knoblauchs und der Schalotte ca. 2–3 Min. anschwitzen. Paprikawürfel dazugeben und ebenfalls 2–3 Min. anschwitzen.
3. Salz und Nudeln in den Topf geben. Das Wasser angießen. Mit Honig, Kreuzkümmel und Koriandersamen würzen. Im geschlossenen Topf zum Kochen bringen und ca. 10 Min. köcheln lassen.
4. Gurke waschen, entkernen und in kleine Würfel schneiden. Zusammen mit den restlichen Zwiebel- und Knoblauchwürfeln in eine Schüssel geben. Mit dem restlichen Olivenöl, Limettensaft, Kreuzkümmel und Koriandersamen würzen. Mit Salz und Pfeffer abschmecken und alles gut vermischen.
5. Sobald die Nudeln al dente gekocht sind, den Topf vom Herd nehmen. Den Gurkensalat untermengen. Eventuell noch mal mit Salz und Pfeffer abschmecken und genießen.

# Spanischer Bohneneintopf

*Zubereitung: 45 Min.*
*Nährwerte (pro Portion): 411 kcal, KH: 47 g, E: 21 g, F: 14 g*

**Zutaten:**
*2 Knoblauchzehen*
*1 kleine Kartoffel*
*1 kleine Karotte*
*1 Spitzpaprika*
*100 ml Gemüsebrühe*
*½ TL Oregano*
*1 Msp. Kreuzkümmel*
*Salz*
*120 g weiße Bohnen*
*50 g Babyspinat*
*50 g Chorizo*
*1 Msp. Paprikapulver (edelsüß)*
*Pfeffer*

**So wird's gemacht:**

1. Den Knoblauch schälen und fein hacken. Kartoffel, Karotte und Spitzpaprika putzen, waschen und in kleine Stücke schneiden.
2. Die Gemüsebrühe in einem Topf zum Kochen bringen. Hitze reduzieren. Knoblauch, Kartoffel-, Paprika- und Karottenstücke in den Topf geben. Mit Oregano, Kreuzkümmel und etwas Salz würzen. Ca. 20 Min. bei geschlossenem Deckel köcheln lassen.
3. Die Bohnen waschen, abtropfen lassen und zusammen mit dem Spinat in den Topf geben. Ca. 5 Min. kochen lassen, bis der Spinat zerfallen ist.
4. Unterdessen die Chorizo in Scheiben schneiden und in einer Pfanne ohne Öl scharf anbraten. Die Chorizoscheiben auf einem tiefen Teller anrichten.
5. Den Eintopf mit Paprikapulver würzen. Noch einmal mit Salz und Pfeffer abschmecken und über die Chorizoscheiben geben.

# Lauchpfanne mit Bohnen und Chorizo

*Zubereitung: 20 Min.*
*Nährwerte (pro Portion): 388 kcal, KH: 28 g, E: 19 g, F: 21 g*

**Zutaten:**

*120 g Borlotti-Bohnen (Dose)*
*1 Zwiebel*
*1 Lauchstange*
*75 g Chorizo*
*1 EL Tomatenmark*
*1 TL Paprikapulver (rosenscharf)*
*50 ml Wasser*
*1 EL Petersilie (gehackt)*
*Salz*
*Pfeffer*

**So wird's gemacht:**

1. Bohnen waschen und abtropfen lassen. Zwiebel schälen und fein hacken. Lauch in Scheiben schneiden, danach vierteln und waschen. Chorizo in Würfel schneiden.
2. Die Chorizowürfel bei mittlerer Hitze ohne Fett in einer Pfanne ca. 2–3 Min. anbraten. Sobald das Wurstfett ausgelassen ist, Zwiebel hinzugeben und 2 Min. anbraten. Danach Lauch hinzugeben und ca. 5 Min. weich dünsten.
3. Tomatenmark, Paprikapulver und Wasser verrühren. Zusammen mit den abgetropften Bohnen und der Petersilie in die Pfanne geben. Alles gut verrühren. Ca. 5 Min. einkochen lassen. Mit Salz und Pfeffer abschmecken.

*Wer mag, kann noch etwas Feta oder Mozzarella unter die Bohnen mischen. Die weißen Bohnen lassen sich durch Kichererbsen ersetzen.*

# Tarka Dhal

*Zubereitung: 25 Min.*
*Nährwerte (pro Portion): 296 kcal, KH: 47 g, E: 21 g, F: 2 g*

**Zutaten:**

*1 EL Ghee*
*1 Schalotte*
*½ TL Senfkörner (gelb)*
*1 Knoblauchzehe*
*½ cm Ingwer*
*½ TL Bockshornkleesamen (gemahlen)*
*70 g rote Linsen*
*2 TL Tomatenmark*
*300 ml Wasser*
*4 Stängel Koriander*
*1 TL Zitronensaft*
*Chilipulver*
*Garam Masala*
*Salz*

**So wird's gemacht:**

1. Ghee in einem Topf zerlassen. Schalotte schälen und fein hacken. In den Topf geben und ca. 2 Min. scharf anbraten. Senfkörner hinzugeben und den Topf verschließen.
2. Sobald die Senfkörner platzen, die Hitze reduzieren. Knoblauch schälen und pressen. Ingwer schälen und reiben. Alles zusammen mit dem Bockshornkleesamen in den Topf geben. Kurz umrühren. Linsen, Tomatenmark und Wasser in den Topf geben. Kurz vermischen und 10 Min. köcheln lassen.
3. Koriander waschen, trocken schütteln und fein hacken. Zusammen mit dem Zitronensaft unter die Linsen rühren und weitere 5 Min. köcheln lassen. Danach noch mit Chilipulver und Garam Masala würzen. Alles mit Salz abschmecken und genießen.

# Lieblingspasta

# Pasta mit frischen Tomaten

*Zubereitung: 15 Min.*
*Nährwerte (pro Portion): 349 kcal, KH: 24 g, E: 5 g, F: 25 g*

**Zutaten:**
*Salz*
*80 g Pasta*
*2–3 reife Tomaten*
*4 schwarze Oliven ohne Stein*
*1 EL Olivenöl*
*2 Stängel Basilikum (fein gehackt)*
*Pfeffer*

**So wird's gemacht:**

1. Wasser in einem großen Topf zum Kochen bringen. Das Wasser salzen und die Pasta darin al dente kochen.
2. Die Tomaten waschen, grob hacken, in eine Schüssel geben und noch mal von Hand quetschen. Die Oliven hacken. Zusammen mit dem Olivenöl und dem Basilikum in die Schüssel geben. Mit Salz und Pfeffer abschmecken.
3. Die fertig gekochte Pasta in die Schüssel geben und mit der Soße vermischen. 1 Min. ruhen lassen und genießen.

*Dieses Rezept lebt von der Qualität der Tomaten und des Olivenöls. Wer die Möglichkeit hat, legt die Tomaten vor der Zubereitung für eine Viertelstunde in die pralle Sonne, wo sie sich aufheizen können. Keine Ahnung, warum, aber sie schmecken so einfach noch besser.*

Foto siehe Seite 39

# Pasta mit Tomaten, Rucola und Ziegenkäse

*Zubereitung: 15 Min.*
*Nährwerte (pro Portion): 282 kcal, KH: 22 g, E: 8 g, F: 15 g*

**Zutaten:**
*Salz*
*80 g Pasta*
*50 g Cherrytomaten*
*1 TL Olivenöl*
*25 ml Weißwein (fruchtig)*
*1 TL Crème fraîche*
*1 EL Ziegenfrischkäse*
*1 Handvoll Rucola*

**So wird's gemacht:**

1. Wasser in einem großen Topf zum Kochen bringen. Das Wasser salzen und die Pasta darin al dente kochen.
2. Tomaten waschen und in feine Stücke hacken.
3. Öl in einer Pfanne erhitzen und die Tomaten darin ca. 3–4 Min. anschwitzen. Gelegentlich umrühren. Die Tomaten mit Weißwein ablöschen und kurz aufkochen lassen. Die Pfanne vom Herd nehmen. Crème fraîche und Ziegenkäse unterrühren. Mit Salz abschmecken.
4. Die fertig gekochten Nudeln in die Soße geben. Den Rucola waschen, abtrocknen und ebenfalls unter die Pasta rühren. Fertig.

*Als Weißwein würde ich einen Sauvignon Blanc oder einen anderen fruchtbetonten Wein empfehlen. Wer einen reifen restsüßen Riesling im Haus hat, kann den auch gern versuchen.*

# Pasta mit Büffelmozzarella

*Zubereitung: 20 Min.*
*Nährwerte (pro Portion): 492 kcal, KH: 28 g, E: 22 g, F: 31 g*

**Zutaten:**

*60 g Kirschtomaten*
*50 g Champignons*
*100 g Pasta*
*1 EL Olivenöl*
*1 TL Tomatenmark*
*50 ml Schlagsahne*
*Salz*
*Pfeffer*
*1 EL frisch geriebener Parmesan*
*2 Stängel Rucola*
*½ Büffelmozzarella*

**So wird's gemacht:**

1. Den Ofen (Umluft 200 °C) vorheizen.
2. Kirschtomaten waschen, trocknen und halbieren. Mit der Schnittfläche nach oben in eine Auflaufform setzen. In den Ofen geben und ca. 15 Min. rösten. Die Tomaten sollen schrumpeln, aber nicht verbrennen.
3. Pilze putzen und in Scheiben schneiden.
4. Wasser in einem großen Topf zum Kochen bringen. Das Wasser salzen und die Pasta darin al dente kochen.
5. Etwas Olivenöl in einer Pfanne erhitzen und die Pilze scharf anbraten, bis sie braun sind. Tomatenmark zu den Pilzen geben und 1–2 Min. mitrösten. Mit Sahne und etwas Pastawasser (50 ml) ablöschen. Einkochen lassen. Mit Salz, Pfeffer und Parmesan abschmecken.
6. Die fertig gekochte Pasta abgießen und zusammen mit den Rösttomaten unter die Soße mischen. Rucola waschen, trocken schütteln, zerrupfen und ebenfalls zur Pasta geben. Alles auf einem Teller anrichten. Den Mozzarella in grobe Stücke reißen und über die Pasta geben.

*Die andere Hälfte des Büffelmozzarellas kann man vollständig umhüllt von Lake oder in Milch aufbewahren (2–3 Tage) und als Topping für einen Salat verwenden, z. B. für den Grünen-Spargel-Nudel-Salat (S. 62).*

# Pasta mit Spargel

*Zubereitung: 15 Min.*
*Nährwerte (pro Portion): 504 kcal, KH: 29 g, E: 25 g, F: 30 g*

**Zutaten:**

*100 g Pasta (Penne rigate)*
*150 g dünner grüner Spargel*
*1 EL Butter*
*2 Eigelb*
*30 g Parmesan (gerieben)*
*3 Stängel Basilikum (fein gehackt)*

**So wird's gemacht:**

1. Wasser in einem großen Topf zum Kochen bringen. Das Wasser salzen und die Pasta darin al dente kochen.
2. Unterdessen den Spargel waschen, putzen und in ebenso große Stücke wie die Nudeln schneiden. Den Spargel 1 Min. vor Ende der Kochzeit ins Nudelwasser geben.
3. Das Kochwasser abgießen. Butter in den Topf geben. Kurz umrühren. Eigelb, Parmesan und Basilikum ebenfalls hinzugeben. Gut umrühren. Mit Salz und Pfeffer abschmecken.

*Das verbliebene Eiweiß kann man am nächsten Morgen mit Salz, Pfeffer und Paprikapulver gewürzt mit etwas Butter in der Pfanne braten.*

# Pasta mit Käsesoße

*Zubereitung: 15 Min.*
*Nährwerte (pro Portion): 702 kcal, KH: 29 g, E: 40 g, F: 45 g*

**Zutaten:**
*Salz*
*80 g Pasta*
*50 ml Sahne*
*50 ml Gemüsebrühe*
*50 g Gruyère (gerieben)*
*50 g Parmesan (gerieben)*
*Zitronensaft*
*100 g Babyspinat*
*Pfeffer*
*Basilikum*

**So wird's gemacht:**

1. Wasser in einem großen Topf zum Kochen bringen. Das Wasser salzen und die Pasta darin al dente kochen.
2. In einer Pfanne Sahne und Gemüsebrühe aufkochen. Den Käse hinzugeben und unter ständigem Rühren schmelzen. Mit Salz und einem Spritzer Zitronensaft abschmecken.
3. Babyspinat waschen und abtropfen. Zusammen mit den fertig gekochten Nudeln in die Soße geben und alles noch einmal kurz erwärmen. Auf einem Teller anrichten, pfeffern und mit Basilikum garnieren.

# Kräuternudeln

*Zubereitung: 15 Min.*
*Nährwerte (pro Portion): 472 kcal, KH: 26 g, E: 15 g, F: 33 g*

**Zutaten:**
*Salz*
*80 g Spaghetti*
*½ Handvoll Rucola*
*10 Stängel Schnittlauch*
*2 Stängel Basilikum*
*½ Zitrone*
*1 EL Olivenöl*
*100 g Ricotta*
*Pfeffer*

**So wird's gemacht:**

1. Wasser in einem großen Topf zum Kochen bringen. Das Wasser salzen und die Pasta darin al dente kochen.
2. Kräuter waschen, trocken schütteln, fein hacken und in eine Schüssel geben. Den Saft einer halben Zitrone, Olivenöl und Ricotta hinzugeben. Alles gut miteinander verrühren, bis die Soße cremig ist. Mit Salz und Pfeffer abschmecken.
3. Die Nudeln kurz abgießen und möglichst feucht in die Ricottasoße geben. Alles gut verrühren. Fertig.

*Eine tolle Soße, die sich prima eignet, um Kräuterüberschuss »loszuwerden«. Wer mag, kann zusätzlich noch gebratene Hähnchenwürfel mit an die Soße geben.*

# Fleisch und Fisch

# Lammkoteletts mit Kichererbsen, Spinat und Tomaten

*Zubereitung: 20 Min.*
*Nährwerte (pro Portion): 746 kcal, KH: 22 g, E: 86 g, F: 33 g*

## Zutaten:

*3–4 Lammkoteletts*
*Öl zum Anbraten*
*100 g Spinat*
*75 g Kichererbsen (Dose)*
*50 g Tomaten, stückig*
*1 Msp. Kreuzkümmel*
*Salz*
*1TL Chili (fein gehackt)*
*1 TL frischer Rosmarin (fein gehackt)*

## So wird's gemacht:

1. Die Lammkoteletts in einer Pfanne mit etwas Öl ca. 3–4 Min. von jeder Seite scharf anbraten. Kurz ruhen lassen.
2. Spinat waschen. Kichererbsen waschen und abtropfen. Spinat in eine heiße Pfanne geben. Sobald der Spinat zerfallen ist, Kichererbsen, Tomaten und Kreuzkümmel hinzugeben und 4 Min. dünsten. Gelegentlich umrühren.
3. Das fertige Gemüse mit Salz abschmecken und zusammen mit den Lammkoteletts auf einem Teller anrichten. Nach Belieben mit Chili und Rosmarin garnieren und genießen.

Foto siehe Seite 47

# Steak Tatar

*Zubereitung: 10 Min.*
*Nährwerte (pro Portion): 803 kcal, KH: 7,3 g, E: 87 g, F: 45 g*

## Zutaten:

*200 g Rindertatar*
*Salz*
*Pfeffer*
*1 TL Olivenöl*
*½ TL Senf (mittelscharf)*
*3 TL Kräuter (z. B. Petersilie, Estragon, Schnittlauch)*
*1 TL Kapern*
*1 Sardellenfilet*
*2 Cornichons*
*1 Frühlingszwiebel*
*Worcestershiresauce*
*Tabasco*

## So wird's gemacht:

1. Rindertatar mit Salz, Pfeffer, Olivenöl und Senf würzen.
2. Kräuter waschen und trocken schütteln. Fein hacken. Kapern, Sardelle und Cornichons ebenfalls fein hacken. Frühlingszwiebel waschen, putzen und fein hacken.
3. Alles gut miteinander vermischen und mit je einem Spritzer Worcestershiresauce und Tabasco würzen. Auf einem Teller anrichten und genießen.

*Wer mag, kann das Tatar noch mit einem Eigelb garnieren.*

# Burger mit Quinoa, Feldsalat und Gemüse

*Zubereitung: 25 Min.*

*Nährwerte (pro Portion): 1055 kcal, KH: 47 g, E: 47 g, F: 72 g*

## Zutaten:

***Für den Pattie:***

*150 g Rinderhackfleisch*
*50 g Quinoa (geschält)*
*1 Schalotte (fein gehackt)*
*Salz*
*Pfeffer*
*½ TL Senf*
*1 TL BBQ-Soße*

***Für den Salat:***

*150 g Feldsalat*
*2 TL Olivenöl*
*½ TL Essig*
*½ TL Ahornsirup*
*½ TL Senf*
*Salz*
*Pfeffer*

***Für das Gemüse:***

*1 große Karotte*
*1 TL Sonnenblumenöl*
*Salz*
*1 Msp. TL Raz-el Hanout-Gewürzmischung*
*1 Msp. Honig*

Weiter auf Seite 51

## So wird's gemacht:

1. Den Ofen vorheizen (Umluft 160 °C).
2. Quinoa so lange spülen, bis das Wasser klar bleibt. Anschließend zusammen mit den anderen Zutaten für den Pattie in eine Schüssel geben und alles gut vermischen. Einen flachen Pattie formen und für 15 Min. im Ofen garen.
3. Unterdessen den Feldsalat waschen und trocken tupfen. In einer Schüssel aus Olivenöl, Essig, Ahornsirup und Senf ein Dressing mischen. Mit Salz und Pfeffer abschmecken und über den Feldsalat geben.
4. Karotten putzen, waschen und in feine Scheiben schneiden. Öl in einer Pfanne erhitzen und die Karotten darin ca. 2 Min. scharf anbraten. Die Gewürze hinzugeben und untermischen. Die Hitze reduzieren und das Gemüse weitere 10 Min. garen. Kurz vor Ende der Garzeit den Honig unterrühren.
5. Frischkäse, Joghurt, Senf und Ahornsirup in einer kleinen Schüssel vermischen. Mit Salz, Pfeffer und einem Spritzer Zitronensaft abschmecken.

*Für die Soße:*
*2 EL Frischkäse*
*1 EL Naturjoghurt*
*1 Msp. Senf*
*1 Msp. Ahornsirup*
*Salz*
*Pfeffer*
*Zitronensaft*

*1 TL Öl zum Anbraten*

6. Die Karotten und den Feldsalat auf einem Teller anrichten. In der »Karotten«-Pfanne Öl erhitzen und den Pattie von beiden Seiten scharf anbraten (je 1–2 Min.). Den Pattie auf dem Teller anrichten. Die Soße über den Pattie geben und genießen.

# Makrele mit Brokkoli

*Zubereitung: 15 Min.*
*Nährwerte (pro Portion): 752 kcal, KH: 5 g, E: 56 g, F: 54 g*

**Zutaten:**

*1 Makrele (küchenfertig)*
*Olivenöl*
*Salz*
*½ kleiner Brokkoli*
*1–2 Knoblauchzehen*
*1 rote Chilischote*
*1–2 Sardellenfilets*
*1 EL Butter*

**So wird's gemacht:**

1. Die Makrele waschen und trocken tupfen. In einer Pfanne mit 1 TL Olivenöl pro Seite 3 Min. anbraten. Aus der Pfanne nehmen, mit Salz und frischem Olivenöl würzen und auf einem Teller beiseitestellen.
2. Den Brokkoli waschen, die kleinen Röschen abtrennen. In einer Pfanne etwas Wasser angießen und den Brokkoli ca. 3–4 Min. dünsten.
3. Unterdessen Knoblauch schälen und fein hacken. Chili putzen. Alles zusammen mit den Sardellenfilets in einem Mörser zu einer Paste verarbeiten.
4. Die Paste mit Butter in eine heiße Pfanne geben und ca. 2. Min. anbraten. Den fertig gegarten Brokkoli in die Pfanne geben. Alles gut vermischen. Das Gemüse neben der Makrele anrichten und genießen.

*Makrelen sind aufgrund ihres hohen Fettgehaltes sehr geschmacksintensiv. Langkettige Fettsäuren und der hohe Kaliumgehalt machen die Makrele zum Powerfood für Sportler. Den Strunk des Brokkoli muss man übrigens nicht wegwerfen. Geschält schmeckt er so ähnlich wie junger Kohlrabi oder grüner Spargel. Einfach beim Kochen mitnaschen.*

# Kabeljau-Avocado-Ceviche

*Zubereitung: 15 Min. + 20 Min. zum Marinieren*
*Nährwerte (pro Portion): 833 kcal, KH: 19 g, E: 46 g, F: 40 g*

**Zutaten:**

*150–200 g Kabeljaurücken*
*1 Biozitrone*
*1 kleine rote Chilischote*
*1 kleine rote Zwiebel*
*1 kleine Avocado*
*1 Datteltomate*
*3 Stängel Koriander*
*Salz*
*Pfeffer*
*Olivenöl*

**So wird's gemacht:**

1. Den Kabeljau in Würfel schneiden. Zitrone auspressen. Über die Fischstücke geben und 20 Min. im Kühlschrank marinieren lassen.
2. Chili entkernen, waschen und in feine Streifen schneiden. Zwiebel schälen und in hauchfeine Streifen schneiden. Die Avocado entkernen, das Fruchtfleisch vorsichtig aus der Schale lösen und in feine Würfel schneiden. Tomate waschen und würfeln. Koriander waschen, trocken schütteln und grob hacken.
3. Chili, Zwiebel, Avocado, Tomate und Koriander vorsichtig unter den Fisch mischen. Mit Salz, Pfeffer und etwas Olivenöl abschmecken. Fertig.

# Lachs mit gebratenem Spargel

*Zubereitung: 30 Min.*
*Nährwerte (pro Portion): 556 kcal, KH: 4,5 g, E: 39 g, F: 40 g*

**Zutaten:**
*100 g grüner Spargel*
*200 g Lachs*
*½ Zitrone*
*Salz*
*Olivenöl*
*1 EL Butter*
*1 TL Dill (gehackt)*
*1 TL Crème fraîche*

**So wird's gemacht:**

1. Den Ofen vorheizen (Umluft 80 °C).
2. Den Spargel waschen, putzen und beiseitestellen. Den Lachs waschen und trocken tupfen. Etwas Zitronensaft und Salz über den Lachs geben.
3. Öl in einer Pfanne erwärmen. Den Lachs von beiden Seiten kurz scharf anbraten. Er sollte keine Farbe bekommen. Den Lachs auf einen Teller legen und im Ofen 12–15 Min. fertig garen.
4. Unterdessen Butter in der Pfanne erhitzen. Den Spargel darin ca. 2–3 Min. scharf anbraten. Die Hitze reduzieren und 3–4 Min. fertig garen. In dieser Zeit zwei Scheiben Zitrone in die Pfanne geben und mit anbraten.
5. Lachs, Spargel und Zitrone auf einem Teller anrichten. Die Zitronenbutter über den Spargel geben. Mit Dill und einem Klecks Crème fraîche garnieren. Wer mag, kann auch noch ein paar Cherrytomaten auf dem Teller mit anrichten.

# Knoblauchgarnelen

*Zubereitung: 20 Min.*
*Nährwerte (pro Portion): 1473 kcal, KH: 163 g, E: 68 g, F: 57 g*

**Zutaten:**

*6 Knoblauchzehen*
*200 g frische Garnelen*
*Olivenöl*
*3 getrocknete rote Chilischoten*
*Salz*
*1 EL Petersilie (gehackt)*
*½ Baguette*

**So wird's gemacht:**

1. Knoblauch schälen und in feine Scheiben schneiden. Garnelen schälen, den Darm entfernen, waschen und trocken tupfen.
2. Einen ordentlichen Schuss Olivenöl in eine kleine Pfanne geben. Knoblauch und Chili in die Pfanne geben und ca. 1 Min. anbraten. Beides aus dem Öl nehmen und beiseitestellen.
3. Garnelen in die Pfanne geben und ca. 2 Min. anbraten. Sobald die Garnelen gar sind, Knoblauch und Chili wieder in die Pfanne geben. Die Hitze reduzieren und alles noch mal für 2 Min. ziehen lassen. Salzen. Alles in eine kleine Schüssel geben. Mit Petersilie garnieren und genießen.

*Was gibt es Besseres, als frisches Baguette in warmes, scharfes Knoblauchöl zu tunken?*

# Asiagarnelen

*Zubereitung: 20 Min.*
*Nährwerte (pro Portion): 512 kcal, KH: 27 g, E: 50 g, F: 20 g*

**Zutaten:**

*1 Stange Zitronengras*
*1 kleine rote Chilischote*
*1 cm frischer Ingwer*
*1 Knoblauchzehe*
*7 Stängel Koriander*
*1 Scheibe Paprika (in Öl eingelegt)*
*1 TL Tomatenmark*
*1 TL Fischsoße*
*1 TL Sojasoße*
*Sesamöl (oder ein neutrales Pflanzenöl)*
*200 g Riesengarnelen (geschält)*
*100 g Zuckerschoten*
*2 Kaffirlimettenblätter*
*100 ml Kokosmilch*
*½ Limette*

**So wird's gemacht:**

1. Den Ofen vorheizen (Umluft 180 °C).
2. Das Weiße aus der Bulbe des Zitronengrases schneiden. Chili entkernen, waschen und in grobe Stücke schneiden. Ingwer schälen. Knoblauch schälen und grob hacken. Koriander waschen und trocken schütteln. Alles zusammen mit der eingelegten Paprika, Tomatenmark, Fischsoße und Sojasoße in einen Mixer geben und zu einer Paste verarbeiten.
3. Etwas Sesamöl in eine Pfanne geben. Die Hälfte der Paste mit den Riesengarnelen in die Pfanne geben und kurz anbraten (ca. 2 Min.). Alles gut vermischen und in eine feuerfeste Form geben. Für 10 Min. im Ofen garen.
4. Die Pfanne wieder auf den Herd stellen. Zuckerschoten, Kaffirlimettenblätter, die restliche Currypaste und etwas Öl in die Pfanne geben. Alles zusammen 2 Min. braten. Die Hitze reduzieren, die Kokosmilch angießen und alles ca. 7 Min. köcheln lassen. Unterdessen eine halbe Limette auspressen und die Soße mit dem Saft abschmecken.
5. Zuckerschoten, Soße und die Garnelen aus dem Ofen auf einem Teller anrichten und genießen.

*Für die leckere Soße sollte man unbedingt ein wenig Baguette zum Tunken parat haben. Statt mit Zuckerschoten gelingt das Rezept auch mit Zucchinischeiben. Die Garzeit ist dann jedoch 3 Min. kürzer.*

# Salate

# Bohnensalat mit Ziegenkäse

*Zubereitung: 20 Min.*
*Nährwerte (pro Portion): 369 kcal, KH: 15 g, E: 16 g, F: 27 g*

**Zutaten:**
*100 g Saubohnen (Dose)*
*100 g grüne Bohnen*
*1 kleine Karotte*
*1 EL Olivenöl*
*Salz*
*Pfeffer*
*50 g Ziegenkäse*
*Petersilie (gehackt)*

**So wird's gemacht:**

1. Saubohnen waschen und abtropfen lassen. Grüne Bohnen und die Karotte putzen, waschen und in Stücke schneiden.
2. Öl bei mittlerer Hitze in einer Pfanne erwärmen. Die Karotten und die grünen Bohnen ca. 5 Min. garen. Die Saubohnen hinzugeben und weitere 4 Min. garen.
3. Mit Salz und Pfeffer abschmecken. Ziegenkäse und Petersilie nach Belieben unterrühren und genießen.

*Die restlichen Bohnen lassen sich z. B. im Spanischen Bohneneintopf (S. 35) oder im Rezept für Spargel mit Feta und Räucherlachs (S. 26) verarbeiten.*

Foto siehe Seite 59

# Kichererbsensalat

*Zubereitung: 10 Min.*
*Nährwerte (pro Portion): 423 kcal, KH: 67 g, E: 20 g, F: 7 g*

## Zutaten:

*1 TL Kümmelsamen*
*250 g Kichererbsen (Dose)*
*1 Spitzpaprika*
*1 kleine rote Zwiebel*
*1 cm Ingwer*
*1 TL Zucker*
*1–2 EL Zitronensaft (frisch gepresst)*
*Salz*
*Pfeffer*
*Etwas frischer Koriander*

## So wird's gemacht:

1. Kümmelsamen in einer Pfanne ohne Öl ca. 2 Min. rösten. Anschließend die Samen in einem Mörser zerstampfen.
2. Kichererbsen abgießen, gut waschen und abtropfen lassen. Paprika putzen, waschen und würfeln. Zwiebel schälen und sehr fein hacken. Ingwer schälen und reiben. Alles in eine Schüssel geben und gut vermischen.
3. Zucker und Zitronensaft in die Schüssel geben. Mit Salz und Pfeffer abschmecken. Den Salat mit etwas frischem Koriander garnieren und servieren.

# Grüner-Spargel-Nudel-Salat

*Zubereitung: 25 Min.*
*Nährwerte (pro Portion): 438 kcal, KH: 19 g, E: 18 g, F: 31 g*

**Zutaten:**

*Salz*
*40 g Pasta (z. B. Chifferi)*
*1 TL Pinienkerne*
*100 g grüner Spargel*
*100 g Cherrytomaten*
*1 Frühlingszwiebel*
*1 Handvoll Rucola*
*3 Stiele Basilikum*
*1 EL Weißweinessig*
*1 EL Olivenöl*
*Pfeffer*
*50 g Mozzarellakugeln (optional)*

**So wird's gemacht:**

1. Wasser in einem großen Topf zum Kochen bringen. Das Wasser salzen und die Pasta darin al dente kochen. Die Pasta abschrecken und abtropfen lassen. Dabei 3 EL des Kochwassers auffangen.
2. Pinienkerne in einer Pfanne ohne Fett rösten, bis sie Farbe bekommen haben.
3. Spargel waschen, putzen und in dünne Scheiben schneiden. Tomaten waschen und halbieren. Frühlingszwiebel putzen, waschen und in feine Ringe schneiden. Rucola waschen und trocken schütteln, eventuell zu lange grobe Stiele entfernen.
4. Basilikum waschen und trocken schütteln. Blätter abzupfen und grob hacken. Zusammen mit dem Nudelwasser, Essig und Öl in einen Mixer geben und pürieren. Salzen und pfeffern.
5. Alle Zutaten in einer Schüssel verrühren. Eventuell noch einmal mit Salz und Pfeffer abschmecken und genießen.

*Wer mag, kann den Salat noch mit Mozzarella verfeinern.*

# Spargel-Garnelen-Salat

*Zubereitung: 35 Min.*
*Nährwerte (pro Portion): 598 kcal, KH: 8 g, E: 25 g, F: 50 g*

## Zutaten:

*100 g weißer Spargel*
*100 g grüner Spargel*
*1 TL Butter*
*2 TL Zitronensaft*
*3 TL Olivenöl*
*100 g Garnelen (geschält, ohne Darm)*
*1 Knoblauchzehe*
*Senf*
*½ TL Balsamicoessig*
*Salz*
*Pfeffer*
*1 Handvoll Petersilie*

## So wird's gemacht:

1. Den weißen Spargel schälen. In einem großen Topf Wasser kochen und den Spargel bissfest kochen (ca. 12 Min.). Den Spargel beiseitestellen und abkühlen lassen.
2. Den grünen Spargel in mundgerechte Stücke schneiden. In einer Pfanne bei mittlerer Hitze Butter zum Schmelzen bringen. 1 TL Zitronensaft angießen und den grünen Spargel ca. 10 Min. dünsten. Den Spargel beiseitestellen und abkühlen lassen.
3. In derselben Pfanne 1 TL Olivenöl erhitzen und die Garnelen darin anbraten. Unterdessen den Knoblauch schälen und fein hacken. Zusammen mit dem restlichen Zitronensaft zu den Garnelen geben und kurz mit andünsten.
4. Den weißen Spargel in mundgerechte Stücke schneiden. Zusammen mit dem grünen Spargel und den Garnelen in eine Schüssel geben. 2 TL Olivenöl, etwas Senf und den Balsamico hinzugeben und alles gut vermischen. Mit Salz und Pfeffer abschmecken.
5. Petersilie waschen, trocken schütteln, fein hacken und über den Salat geben. Fertig.

# Pikanter Eiersalat

*Zubereitung: 15 Min.*
*Nährwerte (pro Portion): 319 kcal, KH: 4 g, E: 14 g, F: 27 g*

**Zutaten:**
*2 Eier*
*1 Frühlingszwiebel*
*1 Sardellenfilet*
*1–2 EL Mayonnaise*
*Salz*
*Cayennepfeffer*

**So wird's gemacht:**

1. Eier kochen, bis sie hart sind. Anschließend fein hacken. In eine kleine Schüssel geben.
2. Frühlingszwiebel schälen und in feine Ringe schneiden. Sardellenfilet fein hacken. Alles zusammen mit der Mayonnaise zu den Eiern geben.
3. Den Eiersalat mit Salz und Cayennepfeffer abschmecken und genießen.

*Wer mag, kann den Salat zusätzlich mit fein gehackter Petersilie würzen. Der Klassiker geht immer, schmeckt immer und macht lange satt.*

# Snacks, Dips und Brotaufstriche

# Hummus mit Gemüsesticks

*Zubereitung: 10 Min.*
*Nährwerte (pro Portion): 325 kcal, KH: 28 g, E: 11 g, F: 18 g*

**Zutaten:**
*100 g Kichererbsen (Dose)*
*1 Knoblauchzehe*
*½ Zitrone*
*2 EL Tahini-Paste*
*1 EL Sesamöl*
*Salz*
*1 Msp. Kreuzkümmel*
*Cayennepfeffer*

**So wird's gemacht:**

1. Kichererbsen waschen und abtropfen lassen. Knoblauch schälen. Die halbe Zitrone auspressen. Alles zusammen mit der Tahini-Paste und Sesamöl in einen Mixer geben.
2. Etwas Salz und Kreuzkümmel hinzugeben und zu einer feinen Paste mixen. Eventuell noch mit etwas Salz abschmecken. Ist die Paste zu trocken, noch etwas Öl angießen. In eine Schüssel geben und mit Cayennepfeffer würzen.

*Zum Hummus schmecken Gurken- und Karottensticks oder Paprika und natürlich ein frisches Weißbrot.*

Foto siehe Seite 67

# Ajvar-Feta-Dip

*Ergibt: 1–2 Portionen * Zubereitung: 10 Min.*
*Nährwerte (pro Portion): 291 kcal, KH: 17 g, E: 19 g, F: 16 g*

**Zutaten:**
*2 Knoblauchzehen*
*3 Stängel gehackte Petersilie*
*2 Stängel Dill*
*50 g Feta*
*4 EL Ajvar (mild)*
*150 g Naturjoghurt*
*Salz*
*Cayennepfeffer*

**So wird's gemacht:**

1. Knoblauch schälen und pressen. Kräuter waschen, trocken schütteln und sehr fein hacken.
2. Alles zusammen mit den restlichen Zutaten in eine Schüssel geben und mit einer Gabel gut vermischen. Der Feta sollte nicht zu glatt gerührt werden, sondern noch leicht bröselig sein.
3. Mit Salz und Cayennepfeffer abschmecken.

*Zum Ajvar-Feta-Dip schmecken Gemüsesticks (Karotte, Gurke, Paprika), Cracker oder Pitabrote.*

# Avocado-Shrimps-Aufstrich

*Zubereitung: 10 Min.*
*Nährwerte (pro Portion): 680 kcal, KH: 28 g, E: 36 g, F: 45 g*

## Zutaten:

*150 g Shrimps (gekocht und geschält)*
*1 Avocado*
*2 Frühlingszwiebeln*
*1 Limette*
*1 TL Sesamöl*
*Salz*
*Tabasco*
*2 Datteltomaten*

## So wird's gemacht:

1. Die Shrimps waschen, trocken tupfen und in eine Schüssel geben.
2. Avocado schälen, entkernen und würfeln. Mit einer Gabel anquetschen. Frühlingszwiebeln putzen und in feine Ringe schneiden. Limette auspressen. Limettensaft, Zwiebelringe und Avocado in die Schüssel geben. Sesamöl angießen. Mit einer Gabel vorsichtig verrühren.
3. Mit Salz und Tabascosoße abschmecken. Ein paar Tomaten als Beilage schneiden und mit Lieblingsbrot oder Nachos genießen.

# Ziegenkäse mit Kräutern

*Zubereitung: 15 Min.*
*Nährwerte (pro Portion): 696 kcal, KH: 24 g, E: 36 g, F: 49 g*

**Zutaten:**

*150 g fester Ziegenkäse (Rolle)*
*Olivenöl*
*Salz*
*1 Zweig Rosmarin*
*4 Zweige Schnittlauch*
*2 Stängel Estragon*
*4 Stängel Petersilie*
*Paniermehl*

**So wird's gemacht:**

1. Den Ofen vorheizen (Umluft 180 °C).
2. Den Ziegenkäse mit Olivenöl einpinseln. Salzen.
3. Kräuter waschen, trocken schütteln. Rosmarinblätter vom Stiel trennen. Rosmarin, Schnittlauch, Estragon und Petersilie fein hacken. Über den Käse streuen.
4. Den Kräuterkäse in Paniermehl wälzen und im Ofen für 15 Min. backen. Den Ofen die letzten 3 Min. auf Grillstufe stellen.

*Dazu schmecken ein frisches Baguette und ein Weißwein.*

# Überbackene Nachos

*Zubereitung: 20 Min.*
*Nährwerte (pro Portion): 1131 kcal, KH: 91 g, E: 28 g, F: 71 g*

**Zutaten:**
*1 Tüte Nachos (125 g)*
*50 g Cheddar*
*1 Frühlingszwiebel*
*1 TL Olivenöl*
*50 g Kidneybohnen (Dose)*
*Paprikapulver*
*Kreuzkümmel*
*Cayennepfeffer*
*Salz*
*3 Cherrytomaten*
*1 Jalapeño*
*½ Avocado*
*3 grüne Oliven*

**So wird's gemacht:**
1. Den Ofen vorheizen (Grillstufe).
2. Nachos auf ein Backblech mit Backpapier legen. Den Cheddar über die Nachos reiben.
3. Frühlingszwiebel schälen und in feine Streifen schneiden. Die Hälfte der Streifen mit Olivenöl in eine Pfanne geben und andünsten (ca. 2–3 Min.). Die Bohnen abspülen und abtropfen lassen, dann hinzugeben. Mit Paprikapulver, Kreuzkümmel, etwas Cayennepfeffer und Salz würzen.
4. Die Bohnen waschen und gut abtropfen. Über die Nachos geben und für 10 Min. im Ofen backen, bis der Käse verlaufen ist.
5. Unterdessen die Cherrytomaten waschen und in kleine Würfel schneiden. Die Jalapeño waschen und in Scheiben schneiden. Die halbe Avocado würfeln. Die Oliven in feine Streifen schneiden.
6. Das Gemüse zusammen mit der restlichen Frühlingszwiebel über die fertig gebackenen Nachos geben und genießen.

*Mein Lieblings-TV-Food. Wer mag, kann noch einen Klecks Sour Cream über die Nachos geben. Zusätzlich oder statt der Bohnen kann man auch etwas Hackfleisch in der Pfanne anbraten. Die restliche halbe Avocado hält sich in Klarsichtfolie eingewickelt 1–2 Tage im Kühlschrank. Sie kann in einem Salat, im Avocado-Shrimps-Aufstrich (S. 70) oder in der Açai-Bowl (S. 11) zum Frühstück verwendet werden.*

# Käsewindbeutel

*Zubereitung: 40 Min.*
*Nährwerte (pro Portion): 1369 kcal, KH: 74 g, E: 50 g, F: 93 g*

**Zutaten:**
*125 ml Wasser*
*Salz*
*50 g Butter*
*100 g Mehl*
*2 Eier*
*50 g Gruyère*
*50 g Parmesan*

**So wird's gemacht:**

1. Den Ofen vorheizen (Umluft 180 °C).
2. Salzwasser zusammen mit der Butter in einen Topf geben. Sobald die Butter geschmolzen ist und das Wasser kocht, das gesamte Mehl mit einem Mal in den Topf geben. Das Mehl mit einem Kochlöffel so lange rühren, bis ein glatter Kloß entsteht und sich auf dem Boden des Topfes ein weißer Belag bildet.
3. Den Topf vom Herd nehmen. Die Eier in den Brandteig schlagen und mit einem Schneebesen so lange unterrühren, bis ein glatter, matschiger Teig entsteht. Den Käse fein reiben und gleichmäßig unter den Teig mischen. Der Teig wird durch den Käse wieder etwas zäher.
4. Ein Backblech mit Backpapier auslegen. Mit einem Esslöffel den Teig abstechen und in kleinen Häufchen auf dem Backblech verteilen.
5. In den Ofen geben und 25 Min. backen.

*Die Käsewindbeutel schmecken warm besonders lecker und machen zwangsläufig Lust auf Sekt oder Champagner.*

# Fleischbällchen mal asiatisch

*Zubereitung: 25 Min.*
*Nährwerte (pro Portion): 570 kcal, KH: 38 g, E: 34 g, F: 30 g*

**Zutaten:**

*20 g Rosinen*
*1 Frühlingszwiebel*
*150 g Hackfleisch (Rind)*
*½ cm frischer Ingwer (gerieben)*
*½ TL Paprikapulver*
*½ TL Currypulver*
*1 TL Tomatenmark*
*1 EL Sojasoße*
*Salz*
*Pfeffer*
*1–2 EL Paniermehl*
*Butter*

**So wird's gemacht:**

1. Rosinen fein hacken. Frühlingszwiebel schälen und fein hacken. Beides mit dem Hackfleisch in einer Schüssel mischen.
2. Die Gewürze, Tomatenmark und Sojasoße hinzugeben. Alles gut mischen. Salzen und pfeffern. Je nach Konsistenz etwas Paniermehl hinzugeben, sodass eine klebrige, aber nicht zu matschige Masse entsteht.
3. Kleine Bällchen rollen und in einer Pfanne mit Butter von allen Seiten anbraten. Die fertigen Bällchen auf einen Teller mit Küchenpapier legen und das Fett abtropfen lassen. Kalt schmecken die Asia-Buletten besonders lecker.

*Dazu passt ein frischer Salat, z. B. mit Avocado, Koriander und einem Limettendressing.*

# Auberginen-Pommes

*Zubereitung: 25 Min. + 30 Min. zum Marinieren*
*Nährwerte (pro Portion): 380 kcal, KH: 17 g, E: 5 g, F: 31 g*

## Zutaten:

*1 Aubergine*
*1 EL Zitronensaft (frisch gepresst)*
*250 ml Milch*
*75 g Maisgries*
*Salz*
*Olivenöl*

## So wird's gemacht:

1. Aubergine waschen und in Pommesform schneiden. In eine Schüssel geben und mit Zitronensaft und Milch übergießen, um die Bitterstoffe zu entziehen. Mindestens 30 Min. ziehen lassen.
2. Den Ofen vorheizen (Umluft 220 °C). Maisgries in einen tiefen Teller geben und mit etwas Salz mischen. Die Auberginenpommes von allen Seiten panieren und auf ein Backblech mit Backpapier legen.
3. Etwas Olivenöl über die Pommes träufeln und für 18–20 Min. im Ofen backen.

*Entweder dippt man die Pommes in Ketchup oder man mixt sich aus Joghurt, Senf und Honig einen etwas exotischeren Dip. Das Rezept funktioniert auch mit Zucchini.*

# Pizza, Wraps und Taler

# Tortilla-Pizza

*Zubereitung: 15 Min.*
*Nährwerte (pro Portion): 446 kcal, KH: 32 g, E: 28 g, F: 22 g*

**Zutaten:**

*2 Tortillas*
*4 EL passierte Tomaten*
*Salz*
*1 kleine rote Zwiebel*
*2 Stück getrocknete Tomaten (in Öl)*
*1 EL Kapern*
*50 g Parmesan*

**So wird's gemacht:**

1. Den Ofen vorheizen (Umluft 200 °C).
2. Tortillas mit den passierten Tomaten bestreichen. Salzen. Zwiebel schälen und in hauchdünne Scheiben schneiden. Tomaten in lange Streifen schneiden. Die Tortillas gleichmäßig mit Zwiebelringen, Tomatenstreifen und Kapern belegen.
3. Parmesan über die Tortillas reiben. Für ca. 6–8 Min. im Ofen backen.

*Die einfachste Pizza der Welt funktioniert mit allem, was man noch so im Kühlschrank findet: Salami, Schinken, Babyspinat, hauchdünn geschnittenen Zucchinischeiben oder verschiedenen Käsesorten.*

Foto siehe Seite 77

# Kichererbsen-Wrap

*Zubereitung: 15 Min.*
*Nährwerte (pro Portion): 757 kcal, KH: 67 g, E: 44 g, F: 32 g*

## Zutaten:

*100 g Hähnchenbrustfilet*
*1 TL Olivenöl*
*1 Knoblauchzehe*
*100 g Kichererbsen (Dose)*
*1 EL Zitronensaft*
*1 TL Sesamöl*
*1 TL Sojasoße*
*1 TL Tomatensoße*
*2 EL Naturjoghurt*
*Salz*
*1 Frühlingszwiebel*
*50 g Wildkräutersalat*
*3 Datteltomaten*
*2 Wraps*

## So wird's gemacht:

1. Hähnchen waschen, trocken tupfen und würfeln. In einer Pfanne mit 1 TL Öl anbraten, bis das Fleisch Farbe bekommt. Beiseitestellen.
2. Knoblauch schälen und grob hacken. Kichererbsen waschen und abtropfen. Alles zusammen mit Zitronensaft, Sesamöl, Sojasoße, Tomatensoße und Joghurt in einen Mixer geben. Die fertige Paste mit Salz abschmecken.
3. Frühlingszwiebel schälen und in feine Streifen schneiden. Wildkräutersalat waschen und trocken schleudern. Tomaten waschen und in kleine Würfel schneiden.
4. Wraps auf ein großes Küchenbrett legen und zu einem Drittel mit dem Kichererbsenmus bestreichen. Hähnchen, Zwiebel, Tomate und Salat ebenfalls auf den Wraps anrichten. Noch einmal salzen und etwas Olivenöl darübergeben. Einrollen und genießen.

# Glücksrollen

*Zubereitung: 20 Min.*
*Nährwerte (pro Portion): 553 kcal, KH: 63 g, E: 23 g, F: 23 g*

**Zutaten:**
*25 g Glasnudeln*
*75 g Hähnchenbrust*
*1 TL Olivenöl*
*1 kleine Karotte*
*1 Gärtnergurke*
*2 Stängel Basilikum*
*2 Stängel Minze*
*5 Stängel Koriander*
*Sesamöl*
*Saft einer ½ Limette*
*4 Blätter Reispapier (22 cm Ø)*

***Zum Dippen:***
*Hoisinsoße*

**So wird's gemacht:**

1. Glasnudeln in eine Schüssel geben. Mit kochendem Wasser übergießen und einige Minuten ziehen lassen. Gut abtropfen und mit einer Schere in ca. 5 cm lange Fäden schneiden.
2. Hähnchen mit etwas Olivenöl bei mittlerer Hitze in einer Pfanne garen. Das Fleisch sollte nicht anbraten. Sobald das Hähnchen durch ist, das Fleisch in feine Streifen schneiden.
3. Karotte putzen und schälen. Gurke waschen, längs halbieren und entkernen. Beides in feine Stifte schneiden, am besten mit einem Julienneschneider.
4. Basilikum, Minze und Koriander waschen und trocken schütteln. Die Blätter abzupfen und fein hacken.
5. Die Kräuter zusammen mit dem Hähnchen, dem Gemüse und den Nudeln in eine Schüssel geben. Sesamöl und Limettensaft angießen und alles gut vermischen.
6. Reispapierblätter in einer großen Pfanne ca. 1 Min. in warmem Wasser einweichen. Kurz trocken tupfen und gleich verarbeiten. Dazu in die Mitte einen Teil der Füllung geben. Die obere und die untere Seite des Reispapiers einschlagen. Dann das Papier von links oder rechts einrollen. In der Mitte mit einem schrägen Schnitt zerteilen und genießen.

*Wer keine Hoisinsoße hat, kann die Rollen auch in Sojasoße dippen. Als Füllung eignen sich auch Shrimps oder Putenbrust. Noch knackiger und frischer gelingen die Glücksrollen, wenn man ein paar Blätter Eisbergsalat mit in die Rollen legt.*

# Zucchinitaler

*Zubereitung: 15 Min.*
*Nährwerte (pro Portion): 412 kcal, KH: 12 g, E: 20 g, F: 30 g*

**Zutaten:**

*1 Zucchini*
*3 Stängel Petersilie*
*2 Stängel Minze*
*1 EL Mehl*
*1 kleines Ei*
*3 TL Parmesan (fein gerieben)*
*Salz*
*Pfeffer*
*1 EL Olivenöl*

**So wird's gemacht:**

1. Zucchini waschen, putzen und mit einer Küchenreibe raspeln. Die Raspel in ein Küchentuch legen und kräftig ausdrücken, damit die Stücke nicht mehr so viel Wasser enthalten.
2. Kräuter waschen, trocken schütteln und fein hacken. Zusammen mit den Zucchiniraspeln in eine Schüssel geben und mit Mehl, Ei, Parmesan sowie Salz und Pfeffer vermischen.
3. Öl bei mittlerer Hitze in einer Pfanne erwärmen. Einen gehäuften Esslöffel der Zucchinimasse in die Pfanne geben. Die Masse flach andrücken, sodass sie die Form von Talern bekommt. Von beiden Seiten ca. 3–4 Min. goldbraun braten. Mit den restlichen Talern ebenso verfahren.

*Die Zucchinitaler schmecken warm und kalt. Dazu passt ein Joghurt-Knoblauch-Dip oder mit Salz und Pfeffer gewürzte Crème fraîche.*

# Zwiebeltaler

*Zubereitung: 20 Min.*
*Nährwerte (pro Portion): 482 kcal, KH: 44 g, E: 9 g, F: 29 g*

## Zutaten:

*1 Bund Frühlingszwiebeln (ca. 250 g)*
*Salz*
*1 kleines Ei*
*1 TL Sojasoße*
*30 g Mehl*
*Pfeffer*
*Sonnenblumenöl*

## So wird's gemacht:

1. Frühlingszwiebeln putzen und waschen. ¼ in ca. 3 cm große Stücke schneiden, den Rest fein hacken und beiseitestellen.
2. Salzwasser in einem Topf zum Kochen bringen und die großen Zwiebelstücke 5 Min. kochen. Das Wasser abgießen. Dabei ca. 25 ml der Flüssigkeit auffangen.
3. Die Flüssigkeit zusammen mit den gekochten Zwiebelstücken in einem hohen Gefäß pürieren.
4. Das Püree in eine Schüssel geben und mit Ei, Sojasoße, Mehl und den restlichen Zwiebelstücken vermengen. Salzen und pfeffern.
5. Reichlich Öl in eine kleine Pfanne geben, sodass der Boden bedeckt ist, und bei mittlerer Hitze erwärmen. Je einen gehäuften Esslöffel der Zwiebelmasse in die Pfanne geben. Die Masse flach andrücken, sodass sie die Form von Talern bekommt. Von beiden Seiten ca. 4–5 Min. goldbraun braten. Mit den restlichen Talern ebenso verfahren.

# Brote und Galettes

# Schinken-Käse-Galettes

*Zubereitung: 15 Min. + 1 Stunde Gehzeit für den Teig*
*Nährwerte (pro Portion): 527 kcal, KH: 55 g, E: 15 g, F: 26 g*

**Zutaten:**

*50 g Buchweizenmehl*
*20 g Weizenmehl*
*1 TL Salz*
*1 kleines Ei*
*100 ml Wasser*
*2 TL Butter*
*1 Ei*
*2 Scheiben Kochschinken*
*2 EL Crème fraîche*
*30 g Gruyère (gerieben)*
*Pfeffer*

**So wird's gemacht:**

1. Mehl und Salz in einer Schüssel mischen. Ei dazugeben und mit einem Schneebesen unter das Mehl rühren. 50 ml Wasser angießen. Die Masse mit einem Schneebesen so lange rühren, bis ein glatter Teig ohne Klümpchen entsteht. Das restliche Wasser angießen und unterrühren. Den nun recht flüssigen Teig 1 Stunden ruhen lassen.
2. 1 TL Butter in einer Pfanne erhitzen. Die Hälfte des Teigs in die Pfanne geben und einen dünnen Pfannkuchen backen. Sobald sich die Ränder von der Pfannenseite lösen, den Pfannkuchen wenden. Mit dem zweiten Pfannkuchen genauso verfahren. Die Pfannkuchen warmhalten.
3. In derselben Pfanne ein Spiegelei braten und den Kochschinken kurz erwärmen.
4. Galette auf ein Küchenbrett legen. In der Mitte mit Crème fraîche bestreichen. Je eine Scheibe Kochschinken dazugeben. Den Käse darübergeben. Auf eines der Galettes das Spiegelei setzen. Salzen und pfeffern. Die Ecken einschlagen, sodass die Galettes viereckig werden. Noch mal kurz in der Pfanne erwärmen und genießen.

*Wer mag, kann die Galettes noch mit frischen Kräutern wie z. B. Thymian oder Petersilie garnieren. Als Füllungen eignen sich auch gebratener Spinat, Lachs, gebratene Pilze oder gebratene Zwiebeln und Speck.*

Foto siehe Seite 85

# Burrata-Brote

*Zubereitung: 15 Min.*
*Nährwerte (pro Portion): 1136 kcal, KH: 113 g, E: 66 g, F: 44 g*

**Zutaten:**
*100 g Saubohnen (Dose)*
*5-6 Scheiben Baguette*
*1 Knoblauchzehe*
*2 Stängel Minze*
*1 TL Olivenöl*
*1 EL Zitronensaft*
*Salz*
*Pfeffer*
*1 Burrata*

**So wird's gemacht:**
1. Den Ofen vorheizen (Grillstufe).
2. Wasser in einem Topf erhitzen und die gut abgewaschenen Bohnen darin 5 Min. kochen. Kalt abschrecken und in einer Schüssel mit einer Gabel kurz anquetschen.
3. Baguettescheiben im Ofen grillen.
4. Knoblauch schälen und fein hacken. Minze waschen, trocken schütteln und fein hacken. Zusammen mit Olivenöl und Zitronensaft zu den Bohnen geben. Alles gut vermischen und mit einem Mörser oder einer Gabel grob pürieren. Mit Salz und Pfeffer abschmecken.
5. Das Bohnenmus auf die Baguettescheiben schmieren.
6. Die Burrata in kleine Stücke rupfen und in eine Schüssel geben. Das flüssige Innere mit den festen Stücken vermischen. Auf die Brote geben. Mit etwas Olivenöl beträufeln. Noch mal nach Belieben mit Salz und Pfeffer würzen und genießen.

*Statt mit Brot schmeckt die Burrata auch fantastisch mit kurz in der Pfanne angebratenen Zucchini- und Paprikastreifen.*

# Sardinen-Tomaten-Bruschetta

*Zubereitung: 15 Min.*
*Nährwerte (pro Portion): 1027 kcal, KH: 86 g, E: 78 g, F: 40 g*

## Zutaten:

*2 TL Olivenöl*
*Zitronensaft*
*4 Sardinen (küchenfertig)*
*Salz*
*2–3 große Scheiben Weißbrot*
*2 reife Tomaten*
*6 schwarze Oliven (entsteint)*
*1–2 Knoblauchzehen*
*4 Stängel Basilikum*
*1 TL Balsamico*
*Salz*
*Pfeffer*
*1 kleine rote Zwiebel*

## So wird's gemacht:

1. 1 TL Olivenöl und etwas Zitronensaft mischen. Sardinen damit einpinseln. Salzen und in einer Pfanne scharf anbraten (ca. 3–4 min. auf jeder Seite). Weißbrotscheiben in derselben Pfanne ebenfalls kurz anrösten.
2. Tomaten waschen und hacken. Oliven hacken. Knoblauch schälen und fein hacken. Basilikum waschen und trocken schütteln. Die Blätter abzupfen und fein hacken. Alles in einer Schüssel miteinander vermischen. Die Tomatenstücke dabei anquetschen. Mit dem restlichen Olivenöl, Balsamico, Salz und Pfeffer abschmecken.
3. Den Tomatensalat auf den Broten anrichten. Die Sardinen auf den Salat geben. Etwas Zitronensaft über die Sardinen träufeln. Die Zwiebel schälen, in feine Streifen schneiden und diese auf die Sardinen legen. Die Brote nach Belieben mit weiteren Kräutern wie z. B. Schnittlauch garnieren und genießen.

# Mascarpone-Kräuterbrot

*Zubereitung: 15 Min.*
*Nährwerte (pro Portion): 970 kcal, KH: 85 g, E: 20 g, F: 58 g*

**Zutaten:**
*2 Knoblauchzehen*
*1 Schalotte*
*10 Stängel Petersilie*
*6–8 Stängel Schnittlauch*
*1 TL Butter*
*100 g Mascarpone*
*Salz*
*6 Scheiben Baguette*

**So wird's gemacht:**

1. Den Ofen vorheizen (Umluft 180 °C).
2. Knoblauch und Schalotte schälen. Petersilie und Schnittlauch waschen und trocken schütteln. Alles zusammen mit der Butter und dem Mascarpone in einen Mixer geben. Den Kräutermascarpone mit Salz abschmecken.
3. Auf die Brote schmieren und für ca. 10–12 Min. im Ofen goldbraun backen.

*Wer gebratenen Knoblauch mag, mixt ihn nicht mit, sondern schneidet ihn in Scheiben und brät ihn in einer Pfanne mit etwas Olivenöl goldbraun. Anschließend mischt man ihn in den Kräutermascarpone.*

# Knoblauchbrot mit Schinken

*Zubereitung: 15 Min.*
*Nährwerte (pro Portion): 733 kcal, KH: 58 g, E: 53 g, F: 28 g*

**Zutaten:**
*2 dicke Scheiben Brot (Sauerteig)*
*1–2 Knoblauchzehen*
*Olivenöl*
*4–6 Scheiben Parmaschinken*
*6 Stängel Rucola*
*Parmesan*

**So wird's gemacht:**
1. Den Ofen vorheizen (Grillstufe).
2. Die Brotscheiben ca. 5 min grillen, bis die Oberfläche richtig knusprig ist.
3. Knoblauch schälen und halbieren. Die Brote mit dem Knoblauch einreiben. Die raue Oberfläche wirkt dabei wie ein Reibeisen. Etwas Olivenöl über die Brote geben. Mit Schinken belegen.
4. Rucola waschen und trocken schütteln. Die Brote mit dem Rucola und Parmesanspänen garnieren und genießen.

# Ochsenfetzen-Döner

*Zubereitung: 10 Min.*
*Nährwerte (pro Portion): 989 kcal, KH: 103 g, E: 69 g, F: 31 g*

**Zutaten:**
*1 Kebabbrot*
*2 Ochsenfetzen*
*1 kleine Tomate*
*1 Handvoll Wildkräutersalat*
*1 Schalotte*
*2 EL Joghurt*
*Käse*
*Salz*
*Chili*

**So wird's gemacht:**

1. Den Ofen vorheizen (Grillstufe). Das Brot kurz aufwärmen (ca. 3 Min.).
2. Unterdessen in einer Pfanne ohne Fett die Ochsenfetzen scharf anbraten (ca. 1 Min. pro Seite). In grobe Streifen schneiden.
3. Tomate waschen, halbieren und in feine Scheiben schneiden. Salat waschen und trocken schütteln. Schalotte schälen und in feine Streifen schneiden.
4. Das Brot aus dem Ofen nehmen. Mit Joghurt, Ochsenfetzen, Salat, Tomate und Zwiebeln füllen. Käse (z. B. Feta, Parmesan oder würzigen Bergkäse) darüberbröseln oder reiben. Salzen und – wer es scharf mag – mit Chili würzen. Fertig.

*Selbst gemachter Döner funktioniert auch wunderbar mit Hähnchen oder Pute. Mit Ochsenfetzen schmeckt er aber besonders lecker. Natürlich können auch die anderen Zutaten variiert werden, beispielsweise kann der Döner mit Rotkraut verfeinert werden.*

# Gemüse-Döner

*Zubereitung: 15 Min.*
*Nährwerte (pro Portion): 648 kcal, KH: 119 g, E: 25 g, F: 6 g*

**Zutaten:**

*1 Kebabbrot*
*1 kleine Aubergine*
*1 kleine Zucchini*
*1 Spitzpaprika*
*1 Knoblauchzehe*
*1 EL Olivenöl*
*1 Frühlingszwiebel*
*2-3 EL Naturjoghurt*
*1 Msp. Kreuzkümmel*
*2 Stängel Minze (gehackt)*
*3 Stängel Petersilie (gehackt)*
*Salz*

**So wird's gemacht:**

1. Den Ofen vorheizen (Grillstufe). Das Brot kurz aufwärmen (ca. 2–3 Min.).
2. Aubergine, Zucchini und Paprika waschen und putzen. Aubergine und Zucchini würfeln, die Paprika in Streifen schneiden. Knoblauch schälen und fein hacken.
3. Das Gemüse in einer Pfanne mit Öl scharf anbraten. Sobald das Gemüse Farbe bekommen hat, die Temperatur reduzieren und weiterbraten, bis die Aubergine weich ist. Gelegentlich umrühren.
4. Frühlingszwiebel schälen und in Ringe schneiden. Joghurt in einer Schüssel mit Zwiebelringen, Kreuzkümmel und Kräutern vermischen. Mit Salz abschmecken.
5. Das Brot aufschneiden. Mit Joghurt und Gemüse füllen und genießen.

*Statt mit klassischer Joghurtsoße schmeckt der Veggie-Döner auch hervorragend mit einem herzhaften Basilikumpesto.*

# Was wollen Sie essen? Alle Rezepte im Geschmacksindex

## Etwas, das immer schmeckt – Klassiker für jeden Tag



## Etwas, das ich noch nie gegessen habe – exotische Küche

## Etwas, das mich richtig satt macht – gehaltvolle Küche



## Etwas, das mir nach dem Sport guttut – Kraftküche



## Etwas, das leicht schmeckt – Sommerküche

## Etwas, das mich bei Schietwetter wärmt – behagliche Küche



## Etwas, das schnell zubereitet ist – Blitzküche

# Bildnachweis

S. 13, 14, 15, 26, 34, 51, 65, 69, 71, 87, 92: © Daniel Wiechmann; S. 6: tuthelens/shutterstock.com; S. 7: Suto Norbert Zsolt/shutterstock.com; enio109/shutterstock.com; S. 9: Lilechka75/istockphoto.com; S. 11: Elena Shashkina/shutterstock.com; S. 17: artprintsadee/shutterstock.com; S. 18: Ekaterina Kondratova/shutterstock.com; S. 20: Avelina/shutterstock.com; S. 21: Anton Romanov/shutterstock.com; S. 23: Vladyslav Rasulov/shutterstock.com; S. 25: Besedina Julia/shutterstock.com; S. 27: Paul Horwitz/shutterstock.com; S. 29: rudisill/istockphoto.com; S. 30: sumroeng chinnapan/shutterstock.com; S. 31: David Pereiras/shutterstock.com; S. 33: Ildi Papp/shutterstock.com; S. 35: Martin Turzak/shutterstock.com; S. 36: martinturzak/istockphoto.com; S. 38: neil langan/shutterstock.com; S. 39: D and J foodstyling/shutterstock.com; S. 41: Maria Komar/shutterstock.com; S. 43: Durch Stepanek Photography/shutterstock.com; S. 44: Mateusz Gzik/shutterstock.com; S. 45: Barbara Dudzinska/shutterstock.com; S. 46: Shebeko/shutterstock.com; S. 47: Martin Turzak/shutterstock.com; S. 49: ilolab/shutterstock.com; S. 52: marco mayer/shutterstock.com; S. 53: MiguelMalo/istockphoto.com; S. 55: Lisovskaya Natalia/shutterstock.com; S. 57: Robyn Mackenzie/shutterstock.com; S. 58: Katerina Belaya/shutterstock.com; S. 59: VeselovaElena/istockphoto.com; S. 61: Lenushkab/shutterstock.com; S. 63: sarsmis/shutterstock.com; S. 66: Martin Rettenberger/shutterstock.com; S. 67: Timolina/shutterstock.com; S. 70: keko64/shutterstock.com; S. 73: vm2002/shutterstock.com; S. 74: cdrin/shutterstock.com; S. 75: Family Business/shutterstock.com; S. 76: Tatiana Vorona/shutterstock.com; S. 77: Jamye Burrows/shutterstock.com; S. 79: Joe Gough/shutterstock.com; S. 81: A_Lein/shutterstock.com; S. 83: Anna Shepulova/shutterstock.com; S. 84: Liliya Kandrashevich/shutterstock.com; S. 85: Irina Meliukh/shutterstock.com; S. 88: NicO_l/shutterstock.com; S. 89: Natalia Mylova/shutterstock.com; S. 90: Kamila i Wojtek Cyganek/shutterstock.com; S. 91: gkrphoto/shutterstock.com